L'ATTIVITA' FINANZIARIA PUBBLICA

L o Stato – governo per svolgere le proprie funzioni ha bisogno di reperire mezzi finanziari e di provvedere all'erogazione di spese necessarie per la fornitura dei servizi pubblici ai cittadini.

In proposito occorre puntualizzare il concetto di servizio pubblico e privato.

Sono servizi privati tutti i servizi offerti alla collettività da imprese private che si pongono su un piano di parità con gli altri soggetti privati.

Sono servizi pubblici tutti quelli forniti dallo stato, dagli enti pubblici e dalle imprese pubbliche, che si pongono in posizione di supremazia nei confronti dei privati.

La scienza delle finanze studia, come parte della scienza economica, gli effetti sul sistema economico dell'attività finanziaria pubblica ed in particolare della politica economica e finanziaria dello stato, in relazione alle entrate e spese pubbliche.

Il diritto finanziario ha come oggetto di studio le norme giuridiche che riguardano le entrate e le spese dello stato.

<u>Il diritto tributario</u> disciplina invece l'accertamento e la riscossione dei tributi, intesi come entrate che lo stato riceve in base all'esercizio dei suoi poteri di impero.

I servizi pubblici possono essere rivolti a tutta la collettività o a singoli individui (indivisibili o individualizzabili)

Il sistema economico viene influenzato dall'attività finanziaria pubblica con effetti sulle cosiddette fluttuazioni cicliche, cioè le variazioni che il sistema subisce periodicamente.
Gli economisti hanno individuato le quattro fasi di un ciclo economico cioè di un periodo in cui il sistema fluttua. Queste fasi sono le seguenti:

1)   <u>Espansione</u>: cioè un aumento della produzione causato da un aumento della domanda globale e dal correlativo aumento dell'offerta, in una situazione economica nella quale vi sono fattori produttivi disoccupati. A ciò segue un aumento generale della ricchezza e quindi uno sviluppo del sistema economico.

2)   <u>Ristagno</u>: corrispondente ad una situazione in cui, pur aumentando la domanda globale le imprese non possono aumentare l'offerta in misura corrispondente, in quanto vi è scarsità di fattori produttivi da utilizzare nel processo di produzione. Per il gioco della domanda e dell'offerta delle imprese, non potendo aumentare ulteriormente la produzione, di fronte ad un aumento della domanda, saranno portate ad aumentare i prezzi delle merci poste in vendita, e ciò allo scopo di riequilibrare le quantità offerte con quelle domandate. Si ha così il fenomeno dell'inflazione, cioè dell'aumento generale del livello dei prezzi. Questo è un fenomeno negativo in quanto le conseguenze dell'inflazione si ripercuotono sulla domanda globale, sull'offerta e sulla occupazione. Infatti in presenza di inflazione i risparmiatori saranno portati a chiedere il rimborso dei loro depositi ban-

cari in quanto il tasso di interesse offerto dalle banche su tali depositi verrà considerato penalizzante perché inferiore al tasso di inflazione. Per mantenere inalterato il potere di acquisto del loro denaro, i risparmiatori cercheranno di investirlo nei così detti beni – rifugio cioè beni che non sono influenzati dall'inflazione ma mantengono inalterato il loro valore (ad esempio oro, preziosi e beni immobili). Per attirare nuovamente i depositanti, le banche saranno perciò costrette ad aumentare i tassi di interesse da corrispondere ai medesimi e tali tassi dovranno essere superiori al tasso di inflazione. Tutto ciò porta ad un aumento dei tassi di interesse che le imprese dovranno pagare alle banche per ottenere dei finanziamenti e poiché il costo del denaro rientra nei costi di produzione, l'aumento di questi avrà conseguenze negative sulle imprese meno efficienti, che cominceranno a produrre in perdita e dovranno necessariamente o ridurre la produzione in modo da ridurre i costi o cessare l'attività. L'ulteriore conseguenza di ciò sarà la necessità da parte di tali imprese, di ridurre la quantità di manodopera impiegata nel processo produttivo. In altre parole l'inflazione provoca la disoccupazione.

3)   Crisi o recessione: questa fase è caratterizzata dalla diminuzione della produzione, con conseguente riduzione dell'offerta ed aumento della disoccupazione. Di conseguenza la domanda globale diminuisce, provocando ulteriore diminuzione dell'offerta, della produzione e l'ulteriore aumento della disoccupazione.

4)   Ripresa: a seguito della recessione e della disoccupazione il sistema economico può riprendere lo sviluppo solo se intervengono fattori che mettano in moto il sistema produttivo. Ciò può avvenire ad esempio a causa di nuove invenzioni, quindi del progresso tecnico, che consenta di aumentare la produzione a costi ridotti. Oppure ci può essere anche una riduzione dei costi provocata da una riduzione del costo del

denaro. A seguito della riduzione dei costi di produzione, le imprese che prima erano uscite dal mercato ritorneranno a produrre con profitto e perciò potranno aumentare la produzione, assumendo una maggiore quantità di lavoratori dipendenti e utilizzando una maggiore quantità degli altri fattori produttivi. A seguito di ciò la domanda globale aumenterà sia perché i proprietari dei fattori produttivi percepiranno un compenso per il loro utilizzo, e quindi avranno maggiore disponibilità di moneta sia da utilizzare in consumi e in investimenti, sia perché i lavoratori dipendenti che prima erano disoccupati percepiranno un reddito, che destineranno in gran parte al consumo. Se aumentano i consumi aumenta la domanda globale, sia per consumi che per investimenti, in quanto le imprese per far fronte all'aumento della domanda per consumi dovranno aumentare la produzione e l'offerta e di conseguenza aumentare anche gli investimenti. Il sistema economico comincia pertanto a svilupparsi di nuovo fino a quando non si verificherà la fase successiva eventuale del ristagno.

Le fluttuazioni cicliche così descritte sono caratteristiche di un sistema economico basato essenzialmente sul mercato e cioè sul gioco della domanda e dell'offerta.

Negli stati contemporanei si tende tuttavia ad intervenire per ridurre o impedire le fasi acute del ciclo economico, e cioè l'inflazione e la disoccupazione.
A tale scopo, per stabilizzare il sistema economico, sono previsti interventi monetari fiscali.

Rientrano tra gli interventi monetari tutte quelle manovre che intervengono sulla quantità di moneta in circolazione, ad esempio la manovra del tasso ufficiale di sconto, prima praticata dalle banche centrali di ogni singolo paese, ed oggi effettuata dalla **Banca Centrale Europea.**

Il tasso ufficiale di sconto è un tasso di interesse che la **BCE** stabilisce nei confronti delle banche di deposito e sconto che hanno l'esigenza di farsi anticipare l'importo delle cambiali ricevute dai clienti, dalla BCE.

Lo sconto in pratica è una deduzione dall'importo della cambiale e viene effettuata al momento di anticiparlo al cliente.

Il tasso ufficiale di sconto si ripercuote pertanto sui tassi di sconto applicati dalle banche ordinarie nei confronti dei portatori delle cambiali e, siccome il tasso di sconto è un tasso di interesse, costituisce una componente del costo di produzione delle imprese le quali come sappiamo chiedono finanziamenti alle banche.

Se la BCE decide di aumentare il tasso ufficiale di sconto, anche le banche ordinarie diffuse in tutto il territorio della comunità dell'Unione Europea aumenteranno i tassi di sconto e quindi i tassi di interesse praticati nei confronti delle imprese.

Queste ultime, vedendo aumentare i loro costi di produzione, per non produrre in perdita dovranno ridurre la produzione o addirittura cessare l'attività.

Ciò significa che l'aumento del tasso ufficiale di sconto provoca la riduzione della produzione dell'offerta.

Viceversa una diminuzione del tasso ufficiale di sconto, comportando la riduzione generale dei tassi di interesse, ha come conseguenza la diminuzione dei costi di produzione delle imprese, che potranno accrescere la produzione e l'offerta.

La BCE può così intervenire per limitare gli effetti di una tendenza recessiva del sistema, diminuendo il tasso ufficiale di sconto e favorendo così la ripresa e l'occupazione.

Al contrario interverrà con una manovra esattamente opposta nel caso di inflazione poiché, per ridurre la produzione, l'offerta, e quindi la domanda globale dovrà aumentare il tasso ufficiale di sconto.

Un altro intervento di carattere monetario è costituito dalle cosiddette **operazioni di mercato aperto** che riguardano la compravendita di titoli da parte della Banca Centrale.

Per **titoli** s'intendono quelli emessi dallo stato come ad esempio i buoni ordinari del tesoro o i certificati di credito del tesoro.

Se la Banca Centrale **acquista titoli,** immette una certa quantità di moneta in circolazione, consegnandola allo stato che la utilizzerà per finanziare l'erogazione di servizi pubblici.
In tal modo aumenta la quantità di moneta in circolazione, con la conseguenza che aumenterà la domanda globale, la produzione e l'offerta delle imprese, l'occupazione dei fattori produttivi ed in particolar modo dei lavoratori dipendenti.
L'acquisto di titoli da parte della Banca Centrale viene pertanto praticato come manovra anti – recessiva, per mettere in moto il sistema economico e scongiurare il pericolo di una diminuzione dell'attività produttiva.

Al contrario se la Banca Centrale decide di **vendere i titoli** in proprio possesso, al pubblico, riceverà da parte dei risparmiatori una certa quantità di denaro che verrà accantonata e tolta dalla circolazione monetaria.
In questo modo diminuisce la quantità di moneta in circolazione, e pertanto la domanda globale, di conseguenza diminuiscono l'offerta e la produzione delle imprese con effetti anti inflazionistici, dato che una delle cause dell'inflazione è l'aumento della domanda globale.

Ancora un altro intervento di carattere monetario è costituito dal **controllo dei crediti** cioè dalla previsione dei cosiddetti plafonds di credito (limiti massimi di risconto).
Sappiamo che le banche ordinarie usano scontare le cambiali in loro possesso presso la Banca Centrale: se vengono posti dei limiti alla possibilità degli sconti, questo ha degli effetti sulla quantità di moneta in circolazione; se i limiti sono ampi, vi sarà una maggiore quantità di moneta in circolazione, se invece sono più ristretti si ridurrà la quantità di moneta circolante nel sistema economico; nell'uno e nell'altro caso gli effetti saranno rispetti-

vamente anti recessivi e anti inflazionistici.

Infine un'ulteriore intervento monetario è costituito dalla cosiddetta **manovra della riserva obbligatoria.**

Con tale termine si indica quella quota dei depositi bancari che viene accantonata da ogni istituto bancario e anche dalla Banca Centrale per fare fronte alle eventuali richieste di rimborso da parte dei depositanti.

In base ad un calcolo statistico si sa che non è necessario accantonare tutte le somme depositate ma solo una percentuale, in quanto i depositanti non chiedono mai il rimborso tutti nello stesso tempo.

Questa percentuale può essere più ampia o più ristretta.

Nel primo caso verrà accantonata una maggiore quantità di denaro che non sarà in circolazione con la conseguenza che diminuirà la quantità di moneta circolante nel sistema economico, ciò che produrrà gli effetti anti inflazionistici.

Nel secondo caso aumenterà la quantità di moneta in circolazione, con effetti anti recessivi.

Vi sono poi anche **strumenti di carattere fiscale** volti ad aumentare o diminuire la quantità di moneta in circolazione.

Lo stato può infatti ricorrere alla **manovra delle entrate e delle spese pubbliche.**

Se decide di aumentare le entrate ad esempio attraverso l'aumento delle tasse e delle imposte, si avrà un effetto di riduzione della quantità di moneta in circolazione, con la conseguente riduzione dei consumi e degli investimenti e quindi con effetti anti inflazionistici.

Al contrario se lo stato decide di aumentare le spese, vi sarà un aumento della quantità di moneta in circolazione, della domanda globale e pertanto dei consumi, degli investimenti e dell'occupazione con effetti visibilmente anti recessivi.

La spesa pubblica

Lo stato per l'attuazione dei propri fini prevede la fornitura dei servizi pubblici alla collettività, sia da parte delle varie amministrazioni statali, sia da parte degli enti pubblici istituzionali, che hanno competenza su tutto il territorio della repubblica, sia da parte degli enti territoriali che hanno competenza solo su alcune parti del territorio della repubblica. L'erogazione di tali servizi pubblici ha un costo, che prende il nome di **spesa pubblica**.

Per provvedere ai propri compiti, lo stato effettua delle spese che possono classificarsi nel modo seguente:

1) spese di governo: che sono costituite da quelle spese necessarie al normale funzionamento dell'apparato statale e comprendono essenzialmente i salari e gli stipendi corrisposti ai dipendenti pubblici.

2) spese di esercizio: che sono costituite dalle spese necessarie per l'accertamento e la riscossione delle entrate che lo stato incamera in modo coattivo, cioè facendo valere il proprio potere di impero (entrate tributarie o tributi)

3) spese correnti: cioè quello che lo stato effettua periodicamente e che si ripetono in pratica ogni anno.

4) spese in conto capitale: che sono effettuate per la realizzazione delle opere pubbliche, cioè le cosiddette infrastrutture, come le strade, i porti, etc. etc., le quali costituiscono dei presupposti per lo sviluppo dell'economia e dei commerci e pertanto accrescono la ricchezza prodotta nel sistema economico. Queste spese non si ripetono periodicamente e cessano con la completa realizzazione delle opere ma siccome sono cospicue, si preferisce ripartirle in più anni, in modo da non sostenere un onere eccessivo.

5) spese per trasferimenti o re-distributive che lo stato effettua per ridurre gli squilibri sia tra le varie parti del suo territorio sia tra le varie categorie sociali. Nello stato democratico infatti si tende a raggiungere il massimo benessere possibile, migliorando la situazione economica delle zone

depresse e dei ceti meno abbienti. I mezzi finanziari reperiti attraverso le entrate tributarie vengono pertanto redistribuiti per mezzo delle spese di trasferimento, che operano un re-distribuzione del reddito territoriale e personale. Queste spese sono pertanto costituite da tutte quelle previste dalla cosiddetta legislazione sociale, ad esempio la spesa pensionistica e quella per i sussidi alle imprese che operano in zone poco sviluppate del paese.

Le cause dell'aumento progressivo della spesa pubblica

Dopo la Rivoluzione francese, lo stato, sulla base delle teorie economiche liberiste si limitava a fornire soltanto i servizi pubblici istituzionali, come la difesa dai nemici esterni, il mantenimento dell'ordine interno e l'amministrazione della giustizia (stato minimo o stato gendarme).

Nel corso del IXX secolo, sulla scorta delle lotte sociali e delle rivendicazioni operaie e contadine, lo stato cominciò ad assumersi altri compiti, allo scopo di migliorare le condizioni di vita delle classi più deboli.

Gradualmente, anche sulla scorta delle nuove teorie economiche, l'erogazione di una gamma più ampia di servizi pubblici comporta il progressivo aumento della spesa pubblica. Questo fenomeno concorre inoltre con l'aumento demografico che si registra nella popolazione mondiale durante il secolo XX, nel quale si constata un cospicuo aumento in tutti gli stati soprattutto del mondo occidentale della spesa pubblica, anche in conseguenza delle necessarie ricostruzioni post-belliche seguite al primo e al secondo conflitto mondiale.

Dalla teoria delle "laissez faire" (finanza neutrale), originata dalla Rivoluzione francese, si passa alla teoria della "finanza cosiddetta congiunturale" che prevede un massiccio intervento dello stato nel sistema economico, al fine di erogare tutta una serie di servizi sia per stimolare lo sviluppo economico sia per re-distribuire in senso territoriale e personale il reddito nazionale.

Gli effetti dell'aumento della spesa pubblica

Un primo effetto immediato è costituito dall'aumento della domanda globale, poiché i mezzi finanziari erogati dallo stato vengono attribuiti ai soggetti che prestano servizi o offrono beni su richiesta dello stato e degli altri enti pubblici.

Tali soggetti destineranno il loro reddito in parte al risparmio, in parte al consumo e in parte all'investimento. La possibilità di un aumento della produzione, della domanda e del reddito in un sistema economico dipende essenzialmente dalla quota di reddito che viene destinata la consumo, il cui indicatore viene denominato propensione al consumo. Tanto più alta sarà la propensione al consumo, tanto maggiore sarà l'aumento della domanda globale ed il conseguente aumento della produzione e della ricchezza. D'altra parte una quota del reddito verrà utilizzata in spese per investimenti, essenzialmente per l'acquisto, da parte delle imprese che hanno necessità di aumentare la produzione, di impianti e macchinari industriali. Esistono pertanto dei meccanismi che consentono un aumento della produzione e della domanda in misura molto maggiore rispetto all'aumento iniziale della spesa pubblica. Tali meccanismi prendono il nome di **moltiplicatore** e di **acceleratore** e sono stati analizzati dall'**economista Keynes.**

Il primo riguarda i consumi e provoca un aumento dei consumi molto superiore a quello dovuto all'aumento iniziale in seguito all'effettuazione della spesa pubblica.

Il secondo riguarda gli investimenti che per loro natura richiedono una spesa molto superiore a quella effettuata dallo stato erogando l'aumento iniziale di spesa pubblica.

I due meccanismi combinati fra loro provocano dunque un forte aumento della domanda sia per consumi che per investimenti cosicché le imprese dovranno far fronte a tale aumento, accrescendo la produzione e l'offerta. Questo è possibile soltanto se siano presenti nel sistema economico fattori produttivi disoccu-

pati; se invece vi è scarsità di fattori produttivi, la produzione non potrà crescere in misura corrispondente alla domanda e, per il gioco delle forze spontanee del mercato, i prezzi dei beni e dei servizi offerti tenderanno a crescere, provocando inflazione. E siccome abbiamo visto che la conseguenza negativa dell'inflazione è la disoccupazione e la recessione, gli stati contemporanei proprio in applicazione della teoria della **finanza congiunturale o funzionale,** tendono ad intervenire con strumenti monetari e fiscali per combattere sia le tendenze inflazionistiche che quelle recessive. Pertanto se vi è pericolo di inflazione lo stato e le autorità monetarie attueranno una manovra restrittiva, cioè in grado di far diminuire la domanda globale, ad esempio attraverso un aumento del tasso ufficiale di sconto e un aumento delle imposte accompagnato dalla riduzione della spesa pubblica.
Viceversa in caso di tendenza recessiva e di aumento della disoccupazione occorrerà diminuire le imposte, aumentare la spesa pubblica e diminuire il tasso ufficiale di sconto.

Le entrate pubbliche

I mezzi finanziari che lo stato si procura allo scopo di erogare i servizi pubblici sono di diverso tipo:

1) entrate originarie o di diritto privato che sono costituite dai proventi derivanti dall'esercizio delle imprese pubbliche. Infatti lo stato spesso esercita attività in forma di impresa, producendo beni e servizi. In questo settore le attività produttive sono svolte dall'ente pubblico ma operano in concorrenza con le altre imprese e tali attività sono sottoposte alla disciplina del diritto privato. (attività di diritto privato della pubblica amministrazione)

2) Sono comprese tra le entrate originarie anche i proventi derivanti dalla cessione di beni di proprietà dello stato e degli altri enti pubblici (beni del patrimonio disponibile).

3) entrate derivate o di diritto pubblico, che prendono il nome di entrate tributarie o tributi e pervengono allo stato a se-

guito di prelievi coattivi sui cittadini, esercitando il potere di impero dello stato. I tributi si distinguono a loro volta in

a. imposte che sono prelievi coattivi gravati su tutta la collettività a prescindere dall'utilizzo o meno che tutti i cittadini facciano dei servizi pubblici offerti dallo stato;

b. tasse che costituiscono il corrispettivo per l'erogazione di servizi che vengono forniti solo a richiesta dei singoli cittadini e che presentano affinità con i prezzi praticati dalle imprese pubbliche;

c. contributi che sono delle somme richieste dallo stato e dagli enti pubblici ad alcune categorie di soggetti che usufruiscono di determinati servizi. Ne sono esempio i contributi sociali dovuti dai lavoratori dipendenti nei confronti degli enti assistenziali e previdenziali per le assicurazioni sociali in caso di infortunio, malattia, invalidità e vecchiaia; oppure i contributi di urbanizzazione dovuti dai proprietari degli immobili avvantaggiati dalla realizzazione di opere pubbliche come le strade, le fognature, l'illuminazione pubblica etc. etc.

4) Entrate ordinarie cioè quelle che vengono riscosse periodicamente dallo stato in base al suo potere di impero e si riferiscono essenzialmente alle entrate tributarie

5) Entrate straordinarie che non si verificano periodicamente ma vengono riscosse dallo stato in determinati momenti ed in caso di necessità. Ne sono esempio:

a) le imposte straordinarie, che si applicano nel caso di calamità naturali e sono percepite una sola volta (una tantum);

b) Il debito pubblico, cioè tutti quei mezzi finanziari che lo stato si procura emettendo titoli di stato e cedendoli ai cittadini. Di recente questa entrata tende a diventare un'entrata ordinaria poiché i titoli vengono emessi periodicamente.

c)   Infine l'emissione di carta moneta, con cui lo stato può sopperire ad esigenze di cassa al fine di finanziare i servizi pubblici e anche a seguito di decisioni di politica economica e finanziaria volta ad attuare una manovra espansiva.

Le entrate originarie si distinguono in quattro categorie:

prezzi privati, praticati in regime di economia di mercato dalle imprese pubbliche; questi prezzi sono normalmente superiori ai costi di produzione.

prezzi quasi privati, cioè praticati tenendo conto non solo delle regole del mercato ma anche di interessi pubblici; sono leggermente superiori ai costi di produzione.

prezzi pubblici, nei quali si tiene maggiormente conto dell'interesse pubblico e pertanto tali prezzi sono pari ai costi di produzione.

Prezzi politici, nei quali l'interesse pubblico prevale nettamente sulle regole del mercato e lo stato e gli altri enti pubblici si propongono di fare accedere ai beni e ai servizi offerti il maggior numero di cittadini possibile ed in particolare le classi meno abbienti.

Le entrate derivate, come già detto si distinguono in imposte, che sono prelievi coattivi diretti al finanziamento di servizi pubblici indivisibili e non individualizzabili, così che gravano su tutta la collettività anche se tali servizi sono utilizzati solo da alcuni cittadini;

Le tasse sono invece il corrispettivo per la prestazione di servizi divisibili e individualizzabili, e coprono solo una parte del costo di produzione del servizio. In pratica risulta difficile distinguere la tassa dal prezzo politico. Alcuni studiosi propongono questa differenziazione:

la tassa viene considerata il corrispettivo per l'erogazione di servizi pubblici istituzionali, cioè che lo stato non può non fornire, mentre il prezzo politico è il corrispettivo per la fornitura di servizi pubblici non istituzionali, che lo stato decide di fornire anche se in linea teorica potrebbero essere forniti anche da imprese private. Poiché la tassa non copre così come il prezzo politico il costo di produzione del servizio, la differenza viene compensata da parte dello stato attingendo al gettito delle imposte.

i contributi che come prima accennato sono prelievi coattivi a carico dei soggetti avvantaggiati da determinate attività pubbliche, come opere di urbanizzazione a favore dei proprietari di beni immobili situati in determinate aree, o come le prestazioni previdenziali e assistenziali a favore dei lavoratori subordinati

Le conseguenze macro – economiche delle entrate

Le varie manovre effettuate in relazione alle entrate pubbliche da parte dello stato, ai fini dell'attuazione di una determinata politica finanziaria ed economica, si riflettono sul sistema economico nel suo complesso, e perciò presentano effetti di carattere macro – economico.

Un aumento delle entrate, poiché riduce la quantità di moneta a disposizione dei cittadini e quindi in circolazione, provoca un'immediata riduzione dei consumi e quindi una diminuzione della domanda globale sia per consumi che per investimenti.

Il rapporto percentuale tra l'ammontare delle entrate tributarie e il reddito nazionale, cioè l'insieme dei beni e servizi prodotti in un sistema economico, in un periodo che di solito coincide con l'anno solare, prende il nome di pressione fiscale.

Se in una nazione la pressione fiscale o tributaria, risulta eccessiva, è possibile che vi sia inoltre un aumento della evasione fiscale, in quanto i contribuenti reagiscono in modo negativo nei confronti dell'esosità del fisco.

Viceversa una riduzione delle imposte e delle tasse provoca un aumento della quantità di moneta in circolazione a disposizione dei cittadini e di conseguenza un aumento della domanda globale.

Ma il fenomeno più positivo della riduzione dei tributi è la riduzione dell'evasione fiscale.

IL BILANCIO DELLO STATO

I l bilancio statale si riferisce alle entrate e alle uscite dello stato e viene redatto dal governo e approvato dal parlamento ogni anno.

Si tratta perciò di un documento giuridico – contabile che si riferisce ad un anno finanziario (coincidente con l'anno solare).

Il parlamento approva il bilancio con legge solo formale, nel senso che contiene norme individuali e concrete, pur essendo un atto formalmente legislativo.

Ciò avviene perché nel passato il parlamento, anche nella forma di stato caratterizzato dall'assolutismo, il parlamento si riuniva per approvare le richieste di nuove spese e nuovi tributi da parte del sovrano.

Questa tradizione è rimasta inalterata fino ai nostri giorni e l'assemblea legislativa conserva il potere di emanare un atto che nella sostanza è un provvedimento amministrativo e nella forma è una legge.

Vi sono diverse teorie economiche sul bilancio:

- la teoria classica, improntata al "laissez faire", cioè al liberismo, per la quale poiché lo stato deve limitarsi ad erogare i soli servizi cosiddetti istituzionali, come la difesa l'ordine interno e la giustizia, il bilancio, essendo limitate le spese, può normalmente essere in pareggio, cioè l'ammontare delle spese deve essere uguale all'ammontare delle entrate.

- la teoria del doppio bilancio, per la quale occorre conseguire il pareggio di bilancio in relazione alle sole spese correnti (cioè quelle necessarie al normale funzionamento della macchina statale) mentre può esservi un disavanzo di bilancio in relazione alle spese in conto capitale, cioè quelle effettuate dallo stato per la realizzazione di opere pubbliche (le cosiddette infrastrutture che favoriscono lo sviluppo del sistema economico, come la costruzione di strade, di porti, di ferrovie, di aeroporti etc.).

- la teoria del bilancio ciclico per la quale si può conseguire il pareggio di bilancio e non ogni anno ma alla fine di un ciclo di tre o cinque anni.
All'interno di questo ciclo in alcuni anni sarà in disavanzo (deficit), in altri anni sarà in attivo.

- la teoria del bilancio funzionale, per la quale occorre perseguire gli obiettivi della teoria economica Keynesiana, relativa all'attività finanziaria svolta dallo stato per contrastare le fasi negative del ciclo economico, come l'inflazione e la disoccupazione, attraverso una manovra finanziaria anticongiunturale.
Infatti come si è già detto il bilancio potrà essere in deficit quando si tratta di combattere la recessione e la disoccupazione, riducendo l'ammontare delle entrate ed aumentando la spese pubblica (politica del cosiddetto "deficit spending").
Viceversa per combattere l'inflazione bisognerà effettuare una manovra finanziaria del tutto opposta alla precedente, riducendo la spesa pubblica e aumentando le entrate tributarie soprattutto al fine di ridurre la domanda globale e quindi contrastare l'aumento dei prezzi.

Esistono dei principi fondamentali relativi al bilancio dello stato, che devono essere tenuti presenti e rispettati:

- **principio di universalità**, secondo il quale nel documento in cui è contenuto il bilancio devono essere menzionate tutte le spese e tutte le entrate;

- **principio di integrità**, secondo il quale tutte le spese e le entrate devono essere calcolate al lordo delle spese di riscossione delle entrate, e di erogazione delle spese;

- **principio di unità**, per cui tutte le entrate hanno la stessa destinazione e non possono averne una particolare (divieto dei tributi di scopo);

- **principio dell'annualità**, per il quale è necessario ogni anno redigere ed approvare il bilancio;

- **principio della specializzazione** per il quale devono essere indicate analiticamente tutte le spese e le entrate dello stato;

- **principio della pubblicità**, per il quale bisogna rendere pubblico il bilancio attraverso la sua pubblicazione sulla Gazzetta Ufficiale della Repubblica Italiana.

CATEGORIE DI BILANCIO

P ossiamo classificare il bilancio statale in varie categorie:

- Bilancio preventivo: che si riferisce alle spese e alle entrate dello stato che verranno effettuate nell'anno successivo a quello nel quale viene approvato il bilancio.

Tale approvazione spetta al Parlamento per mezzo di una legge apposita che come si è visto è una legge solo formale in quanto contiene concrete indicazioni di spesa e di entrata ed è diretta alle singole amministrazioni statali, con norme individuali e concrete.

Pertanto con la legge di approvazione del bilancio non si possono statuire attraverso norme generali ed astratte nuovi tributi e nuove spese. Per ovviare a questo inconveniente si ricorre alla legge finanziaria ed ai provvedimenti ad essa collegati, allo scopo di introdurre delle innovazioni nell'ordinamento giuridico riguardo alle spese e alle entrate dello stato.

La legge di approvazione del bilancio dovrebbe essere varata entro la fine dell'anno finanziario: se ciò non è possibile, è previsto il cosiddetto "esercizio provvisorio" che può essere svolto nei primi quattro mesi dell'anno successivo con l'effettuazione di spese da parte dello stato nei limiti di un dodicesimo per ogni mese, attraverso appositi decreti di spesa.

Il bilancio preventivo approvato è soggetto al controllo preventivo della Corte dei Conti, che verifica la copertura finanziaria dei vari decreti di spesa, apponendo il visto e ordinando la registrazione di tali decreti.

Nel caso di rifiuto della Corte dei Conti il Governo può comunque insistere per l'attuazione dei decreti di spesa: in tal caso la Corte appone il visto e ordina la registrazione con riserva, inviando periodicamente al Parlamento la lista dei decreti registrati con riserva, che possono anche portare lo stesso Parlamento a revocare la fiducia al Governo.

- Bilancio consuntivo o rendiconto: si riferisce al bilancio dell'anno precedente ed è soggetto al controllo successivo della Corte dei Conti che verificatane la regolarità emette un decreto di parificazione con cui accerta la regolarità del bilancio;

- Bilancio annuale: che si riferisce alle entrate e alle spese dell'anno successivo o precedente;

- Bilancio pluriennale che si riferisce ad una programmazione economica relativa ad un periodo di tre o cinque anni per le cosiddette spese in conto capitale (realizzazione di infrastrutture e di opere pubbliche) il cui costo viene ammortizzato in più anni;

- Bilancio di competenza o giuridico: che si riferisce alle spese o alle entrate che lo stato ha il dovere di erogare e il diritto di riscuotere;

- Bilancio di cassa o materiale: relativo alle effettive uscite ed entrate dello stato nel corso dell'anno finanziario

LE IMPOSTE

A bbiamo già definito le imposte come "prelievi coattivi operati dallo stato sulla ricchezza dei cittadini in base al suo potere di impero.

Distinguiamo diversi elementi dell'imposta:

- il presupposto: cioè la capacità contributiva definita come l'esistenza di una forma di ricchezza che può essere costituita dal patrimonio se considerata da un punto di vista statico o dal reddito se considerata da un punto di vista dinamico (il reddito è un flusso di ricchezza che perviene all'individuo nell'unità di tempo, ad esempio un anno).

- il soggetto attivo: cioè l'ente pubblico che effettua l'imposizione fiscale, che può essere lo stato o gli altri enti pubblici;

- il soggetto passivo: cioè colui su cui grava l'obbligo tributario, detto appunto contribuente.;

- l'oggetto o imponibile: costituito dalla ricchezza su cui grava l'imposta (il reddito o il patrimonio);

- l'aliquota: cioè il valore percentuale che viene applicato alla ricchezza su cui grava l'imposta, che ci permette di calcolare l'ammontare dell'imposta;

- la fonte: cioè l'effettiva ricchezza con la quale vengono pagate le imposte (ad esempio un'imposta gravante sul patrimonio può essere pagata dal cittadino prelevandone l'ammontare sul proprio reddito).

CLASSIFICAZIONE DELLE IMPOSTE

Gli studiosi hanno identificato molteplici categorie di imposte:

1) le imposte reali: che colpiscono la capacità contributiva del cittadino, prendendo in considerazione l'oggetto o imponibile senza tener conto delle condizioni personali e familiari del contribuente (ad esempio l'ICI – imposta comunale sugli immobili - è costituita da una percentuale del valore dell'immobile colpito senza alcun riguardo alla situazione reddituale e familiare del contribuente).

2) le imposte personali: colpiscono la capacità contributiva tenendo però conto delle condizioni personali, sociali e familiari del contribuente, come ad esempio lo stato civile e l'appartenenza a determinate categorie sociali. Si tende attraverso questo sistema a ripristinare condizioni di eguaglianza tra contribuenti di diverse categorie sociali (ad esempio i lavoratori dipendenti con famiglia sono agevolati perché a loro favore sono previste detrazioni di imposta per lavoro dipendente e per carichi di famiglia, in sede di applicazione dell'imposta sul reddito delle persone fisiche – IRPEF)

3) le imposte generali: che colpiscono tutti i settori di reddito

e patrimonio ad esempio l'IRPEF.

4)   le imposte speciali che colpiscono determinati settori di reddito e patrimonio o comunque tutti i settori in modo diverso (ad esempio l'imposta sulle successioni e sulle donazioni);

5)   le imposte proporzionali: che vengono applicate tassando la ricchezza colpita con un'aliquota fissa (ad esempio l'ICI)

6)   le imposte progressive: nelle quali l'aliquota che si applica alla ricchezza imponibile aumenta in corrispondenza dell'aumentare di tale ricchezza, per motivi di equa ripartizione del carico fiscale, in base al principio della progressività che secondo la costituzione deve ispirare il sistema tributario nel nostro paese. In altri termini ogni cittadino concorre alle spese statali secondo la propria forza economica e la propria capacità contributiva.

Vi sono diversi tipi di progressività:

- la progressività continua: in base alla quale l'aliquota aumenta in corrispondenza dell'aumento della ricchezza colpita secondo una formula matematica che determina l'ammontare dell'imposta;

- la progressività per detrazione: nella quale si ha un'aliquota fissa ma che di fatto diventa progressiva perché la parte iniziale della ricchezza (determinata dalla legge) viene esentata dall'imposta;

- la progressività per classi: secondo cui si applicano aliquote diverse in relazione a diverse classi di ricchezza. Pertanto se un cittadino supera anche di pochissimo una classe vedrà applicata alla propria ricchezza l'aliquota corrispondente alla classe superiore.

- la progressività per scaglioni: la quale pure prevede

l'applicazione di diverse aliquote in relazione a diversi scaglioni di reddito o patrimonio ma all'interno di ogni scaglione applica un'aliquota diversa in modo che dall'applicazione delle varie aliquote si possa ricavare un'aliquota media relativa all'ammontare complessivo della ricchezza colpita. Questo sistema è quello attualmente utilizzato nel nostro paese.

7) imposta regressiva: nelle quali l'aliquota aumenta in corrispondenza in diminuzione del reddito o del patrimonio colpiti (ad esempio l'IVA – imposta sul valore aggiunto – che colpisce il reddito nel momento in cui viene consumato o trasferito, ha effetti regressivi in quanto colpendo con la stessa aliquota grande e piccoli importi di ricchezza grava maggiormente sugli importi più bassi e quindi sui contribuenti che si trovano in condizioni economiche inferiori)

8) imposte dirette: che colpiscono manifestazioni immediate della capacità contributiva, come il reddito e il patrimonio. L'effetto principale delle imposte dirette è la contrazione dei consumi da parte dei cittadini e quindi la riduzione della domanda globale.

9) imposte indirette: che colpiscono manifestazioni mediate della capacità contributiva ad esempio il reddito e il patrimonio nel momento in cui vengono consumati o trasferiti (imposte di registro, sulle successioni e donazioni ed imposta sul valore aggiunto – IVA). L'effetto principale delle imposte indirette è l'aumento dei prezzi e quindi il pericolo d'inflazione.

I PRINCIPI GIURIDICI ED AMMINISTRATIVI DELLE IMPOSTE

ccanto alle regole enunciate dall'economista Adam Smith:

- certezza, cioè regole certe e scritte;
- giustizia, cioè equa ripartizione del carico tributario a seconda della capacità contributiva dei cittadini;
- economicità, cioè il conseguimento del massimo risultato possibile con l'imposizione fiscale;
- comodità, cioè possibilità per il cittadino di pagare le imposte senza doversi trovare in difficoltà, il che presuppone l'efficienza dei sistemi di riscossione delle imposte;

vi sono i principi giuridici codificati nella Costituzione:

il principio di legalità secondo il quale non possono introdursi imposte se non attraverso il ricorso ad una legge statale;

il principio della capacità contributiva: secondo il quale ogni cittadino deve concorrere al finanziamento della spesa pubblica secondo la propria situazione economica. Ciò presuppone l'applicazione del criterio della progressività, della personalità della imposizione fiscale che si concreta ad esempio:

- nella esenzione dei redditi minimi,
- nella considerazione delle condizioni famigliari e sociali del contribuente,
- nell'applicazione degli oneri deducibili cioè somme che si detraggono dalla base imponibile (reddito o patrimonio);
- nell'applicazione delle detrazioni di imposte (cioè somme che si detraggono dall'ammontare dell'imposta già calcolata);

-

L'ACCERTAMENTO DELLE IMPOSTE

L'accertamento delle imposte consiste nella determinazione dell'ammontare dell'imposta dovuta dal contribuente.

A tale scopo possono utilizzarsi due metodi:

- il metodo analitico: che è costituito dall'esame di tutti i documenti che riguardano la percezione di un reddito o un possesso di un patrimonio.

- il metodo sintetico: che invece si basa su indizi riguardanti il tenore di vita del soggetto che deve pagare l'imposta.

In Italia si segue il metodo analitico, tuttavia attraverso l'introduzione dei cosiddetti studi di settore, si tende a determinare il reddito medio di ogni categoria di contribuenti in base a degli indicatori quali il numero dei locali utilizzati per lo svolgimento dell'attività professionale, oppure il numero dei dipendenti.

L'accertamento delle imposte viene effettuato dagli uffici locali dell'Agenzia delle Entrate che può essere:

- accertamento d'ufficio che viene effettuato nel caso che

il contribuente non abbia provveduto a dichiarare il proprio reddito o patrimonio;

- accertamento in rettifica che viene effettuato quando la dichiarazione relativa al reddito e al patrimonio presentata dal contribuente viene ritenuta non veritiera.

Il contribuente nei confronti del quale sia stato effettuato un accertamento d'ufficio o in rettifica può opporsi presentando ricorso alla commissione tributaria competente per territorio entro 30 gg dalla notifica dell'accertamento.

LA RISCOSSIONE DELLE IMPOSTE

L o stato provvede a riscuotere le imposte attraverso diversi procedimenti:

- **la ritenuta alla fonte,** cioè la trattenuta di una somma a titolo di imposta sulla retribuzione dovuta al lavoratore dipendente.

La ritenuta è diretta per i dipendenti pubblici in quanto lo stato la effettua direttamente sulla busta paga;

- **la ritenuta è con rivalsa,** per i dipendenti privati in quanto viene effettuata dal datore di lavoro che poi la versa allo stato in qualità di sostituto d'imposta;

- **versamento diretto** tramite denuncia o dichiarazione verificata, che comporta l'autotassazione (cioè la determinazione dell'ammontare dell'imposta fatta dallo stesso contribuente);

- **per regia,** quando l'imposta viene pagata presso appositi uffici adibiti alla riscossione;

- **riscossione residuale** che viene effettuata mediante l'iscrizione del tributo nei ruoli esattoriali mediante apposite cartelle di pagamento;

- riscossione mediante bollo che viene effettuata in modo ordinario attraverso l'acquisto della carta bollata, in modo straordinario attraverso l'acquisto delle marche da bollo che si applicheranno su atti o documenti e in modo virtuale attraverso il pagamento dell'imposta presso appositi uffici adibiti alla riscossione;

GLI EFFETTI ECONOMICI DELLE IMPOSTE

Accanto agli effetti macro economici quali la riduzione dei consumi e della domanda globale, vi sono diversi effetti micro economici:

- l'evasione fiscale cioè un modo antigiuridico per evitare il pagamento delle imposte.

Le conseguenze dell'evasione riguardano principalmente la riduzione del gettito tributario; la riduzione dei capitali a disposizione dello stato, a causa degli ingenti capitali trasferiti all'estero dai contribuenti per non pagare le imposte, e a causa della conseguente diminuzione degli investimenti;

le tensioni sociali tra diverse categorie di contribuenti ad esempio tra lavoratori dipendenti che sono costretti comunque a pagare le imposte attraverso il sistema della ritenuta alla fonte, e i lavoratori autonomi che hanno maggiori possibilità di occultare parte del loro reddito o patrimonio.

- L'elusione cioè una modalità legale attraverso la quale ci si sottrae al pagamento delle imposte. Essa può consistere nella rimozione positiva cioè nell'aumento della attività soggetta alla tassazione per aumentarne la redditività e quindi sostenere il peso delle imposte, oppure nella rimozione negativa cioè la riduzione dell'attività soggetta all'imposizione fiscale per diminuire l'ammontare delle imposte che devono essere pagate.

- La traslazione cioè il trasferimento dell'imposta su altri contribuenti (ad esempio l'IVA, con la quale si trasferisce l'importo dell'imposta dal venditore al compratore). Il soggetto tenuto a versare all'erario l'importo del tributo viene definito "contribuente percosso" o "contribuente di diritto"; il soggetto sul quale grava effettivamente l'onere del tributo è detto "contribuente inciso" o "contribuente di fatto".

- L'ammortamento dell'imposta o capitalizzazione dell'imposta, che consiste nella diminuzione del valore di mercato dei terreni e dei fabbricati il cui reddito sia stato colpito da una nuova imposta o dall'aumento dell'imposta su esso già gravante. Infatti l'ammontare dell'imposta o dell'aumento di imposta viene capitalizzato al tasso di interesse corrente. Tale importo viene detratto dal valore dell'immobile calcolato capitalizzando il reddito dello stesso immobile al tasso di interesse corrente. L'ammortamento dell'imposta costituisce un caso di "traslazione all'indietro" (dal compratore al venditore), diversamente dal caso dell'IVA, che comporta una "traslazione in avanti" (dal venditore al compratore);

IL DEMANIO, IL PATRIMONIO E LE IMPRESE PUBBLICHE

I beni di proprietà dello stato possono essere classificati in due categorie:

- beni demaniali: cioè quelli elencati nell'articolo 822 del Codice Civile. Tali beni presentano le seguenti caratteristiche:

  1. sono inalienabili, cioè non possono essere trasferiti dallo stato o dagli enti pubblici ad altri soggetti;

  2. sono irrinunciabili, cioè lo stato e gli enti pubblici non possono rinunciare alla loro proprietà;

  3. sono imprescrittibili, cioè non si estinguono a causa del mancato esercizio del diritto di proprietà da parte dello stato e degli enti pubblici per un certo periodo di tempo e nessun altro soggetto può acquisirne la propri-

età attraverso l'esercizio del possesso continuato, pacifico ed ininterrotto per oltre 20 anni (non sono beni usucapibili);

Tra i beni demaniali possiamo comprendere i fiumi e i laghi, il lido del mare, le strade, le caserme e attrezzature militari ecc.

- Beni patrimoniali: cioè quelli di proprietà dello stato e degli altri enti pubblici che non rientrano nella categoria dei beni demaniali.

Tra di essi sono compresi ad esempio le foreste, le miniere, i musei. Esiste un patrimonio disponibile in quanto i beni ad esso appartenenti possono essere trasferiti ad altri soggetti, ed un patrimonio indisponibile i cui beni non possono essere trasferiti ad altri soggetti a meno che ciò non sia previsto da un'apposita legge.

Infine alcuni beni demaniali possono diventare patrimoniali a seguito di un decreto di "sclassificazione"

Lo Stato esercita l'attività economica attraverso varie forme di impresa:

- enti pubblici economici che hanno lo scopo esclusivo o principale di esercitare un'attività economica;

- enti di gestione che detengono i pacchetti azionari di società per azioni sia finanziarie che operative;

- aziende autonome che sono costituite dalle imprese prive di personalità giuridica, ed inquadrate nell'amministrazione di cui fanno parte, avendo soltanto autonomia amministrativa e contabile;

LE ENTRATE STRAORDINARIE

Lo stato, per far fronte a spese non previste, ad esempio a causa di calamità pubbliche o ricostruzioni post belliche ricorre a delle entrate cosiddette straordinarie che sono le seguenti:

l'imposta straordinaria sia sul reddito che sul patrimonio che non ha carattere periodico ma si applica "una tantum";

l'emissione di carta moneta a cui si fa ricorso attraverso la stampa di nuove banconote, vi sono tuttavia pericoli di inflazione.

Il debito pubblico, costituito da titoli che lo stato vende ai privati cittadini, sia a lungo termine (debito consolidato) sia a breve termine (debito fluttuante).
Bisogna constatare che il debito fluttuante da una iniziale funzione diretta ad ovviare a temporanee deficienze di cassa dello stato, attualmente viene utilizzato per coprire il disavanzo di bilancio dello stato, e quindi come un'entrata periodica e non più straordinaria. Poiché con il debito pubblico lo stato sottrae risorse finanziarie ai privati, si ha una riduzione dei risparmi e degli investimenti privati. Per contro, siccome il debito pubblico serve a finanziare la spesa pubblica, si avranno effetti espansivi a causa dell'aumento della domanda globale.

CENNI SULL'IRPEF E SULL'IVA

L'IRPEF è un'imposta diretta che colpisce il reddito delle persone fisiche.

L'IVA è un'imposta indiretta che colpisce il reddito o il patrimonio nel momento in cui viene consumato o trasferito.

L'IRPEF colpisce il reddito derivante dai beni immobili (terreni e fabbricati), il cui reddito viene determinato attraverso il calcolo della cosiddetta rendita catastale, in base all'annotazione dei beni immobili in un pubblico registro detto catasto, che però non ha il valore di prova legale della proprietà dei beni immobili ma serve solo ad individuare i contribuenti colpiti dall'imposta.

L'IRPEF colpisce anche il reddito da capitale, come gli interessi delle somme date in prestito, i dividendi azionari e i proventi derivanti dal possesso di obbligazioni etc.

L'IRPEF colpisce anche il reddito derivante dall'attività lavorativa sia dipendente che autonoma, nonché il reddito d'impresa.

L'IVA colpisce la cessione di beni e la prestazione di servizi effettuate durante l'esercizio di imprese, arti o professioni o importazioni dai paesi non appartenenti all'Unione Europea.

Il meccanismo dell'IVA è costituito dal calcolo della differenza tra l'imposta riscossa sulle vendite e quella pagata sugli acquisti,

cioè il valore aggiunto.
Il contribuente di fatto risulta il consumatore finale in quanto si
ha una traslazione dell'imposta

www.ingramcontent.com/pod-product-compliance
Lightning Source LLC
Chambersburg PA
CBHW071121220526
45467CB00004B/1992